D1720625

SCHWEIZ

KARL ■ MÜLLER

Übersetzung: Simone Mundra
Gestaltung: Patrizia Balocco

© 1996 2002 White Star S.r.l.
Via C. Sassone 22/24
13100 Vercelli, Italien

2003 Herausgegeben in Deutschland
von Verlag Karl Müller GmbH
www.karl-mueller-verlag.de

ISBN 3-89893-574-4

Gedruckt in Singapur

REISE DURCH DIE SCHWEIZ

INHALT

Links *Schaffhausen: Dem Rhein verdankt die Stadt Reichtum; lange Zeit hatte sie das Monopol für die gewerbliche Schiffahrt auf seinem Oberlauf. Die Statue dieses Landsknechts wacht über den Fronwagplatz.*

Rechts *Die einstige Schaffhausener Fluchtburg Munot nimmt heute Besucher herzlich in Empfang; dazu gibt es ein Glas köstlichen Wein vom eigenen Weinberg.*

S. 1 *Mit je 5000 Kilometern Abfahrtspiste und Langlaufstrecken, 2000 Kilometern Liftanlagen und 200 Skischulen ist die Schweiz ein Paradies für Wintersportler.*

S. 2/3 *Von der Bergstation der Diavolezza-Seilschwebebahn aus blickt man geradewegs auf die Gipfel Piz Palù (3905 Meter) und Piz Bernina (4049 Meter). Riesige Gletscherzungen graben talwärts eine Straße zwischen den »Giganten« hindurch.*

S. 4/5 *Schloß Tarasp, im Mittelalter die mächtige und ehrfurchtgebietende Festung der Graubünden, beherrscht noch heute die Berge und Wälder des Unterengadins.*

S. 6/7 *Die älteste Brücke von Luzern, die Kapellbrücke über die Reuss, ist die älteste gedeckte Holzbrücke Europas.*

DEUTSCH

BASEL

AARAU

Aare

FRANKREICH

BIEL

LA CHAUX DE FONDS

NEUCHÂTEL

BERN

Jura

Lac de Neuchâtel

FRIBOURG

THUN

Brienzer See

Thuner See   GRINDELWAL

WENGEN

E

Mönch

WAADT

ADELBODEN

Jungtrau

LAUSANNE

Aletschhorn

Genfer See

Rhone

CRANS

Berner Alpen

SITTEN

Fletschh

GENF

Weißhorn

Weißmies

WALLIS

Dent Blanche

Rimpfischhorn

ZERMATT

Grand Combin

Matterhorn

ITALIEN

DIE SCHWEIZ – EIN GOTTGEFÄLLIG LAND

Das Schweizervolk gilt weithin als arbeitsam, zuverlässig und aufrichtig, als gutmütig, friedlich und freundlich. Allerdings, so müßte man gleich einwenden, gibt es den Schweizer, die Schweizerin nicht. Doch bekanntlich halten sich Klischees, und – Hand aufs Herz – wer denkt, wenn von der Schweiz die Rede ist, nicht gleich ans MATTERHORN oder an ST. MORITZ? An das Gebirgsland, in dem ein alphornblasendes und jodelndes Hirtenvolk in Freiheit lebt? An Emmentaler und Appenzeller Käse und an die Schokolade, die zart auf der Zunge schmilzt? An die sprichwörtliche Präzision der Schweizer Uhren und Maschinen? Oder gar an das sagenumwobene Bankgeheimnis, das in der »direktesten aller Demokratien« unantastbar, nahezu heilig ist? Kurz: An ein reich gesegnetes und gottgefälliges Land?

Mehr als ein Glücksfall

Wir sind in einer Schweiz aufgewachsen, die in der Legende vom »Sonderfall« wurzelt. Schon die einzigartigen landschaftlichen Schönheiten – die schneebedeckten Viertausender, die imposanten Gletscher, die malerischen Seen und Flußlandschaften und die sanften Hügelzüge – rechnen wir unseren Verdiensten zu, und wir sind stolz darauf. Daß die Schweiz in den letzten Kriegen verschont blieb, betrachten wir ebensowenig als bloßen Glücksfall; vielmehr halten wir es für unsere Leistung, daß wir uns aus dem Krieg herauszuhalten vermochten dank einer Armee, deren Mythos auch nach der Initiative zu ihrer Abschaffung noch in weiten Teilen der Bevölkerung lebendig ist. Das Militär ist Männlichkeits- und Nationalritual in einem. Obschon auch Frauen in der Armee dienen dürfen.

Zum »Sonderfall Schweiz« gehört aber ebenso die oft gepriesene ethnische Vielfalt: das friedfertige Zusammenleben verschiedener Sprachgruppen, Religionen und Kulturen. Nur, dieses Zusammenleben unter einem Dach verläuft nicht immer einhellig. Das ungleiche Verhältnis – den über 70% Deutschschweizern stehen rund 20% Welschschwei-

In der weniger bergigen Region um Genf herum trifft man im Schutz der Seen und Hügel auf ein mildes Klima, das ein üppiges Pflanzenwachstum und den Anbau herrlicher Weißweine begünstigt.

zer, 5% Tessiner und knapp 1% Rätoromanen gegenüber – begründet gelegentlich Stoff für Konflikte. Gegensätze brechen zudem mitunter zwischen den vorwiegend katholischen und den reformierten Gegenden auf, zwischen den konservativen Landkantonen und den städtisch geprägten Gebieten, wo heute drei Viertel aller Einwohner leben. Hinzu kommt, daß ein Sechstel der sieben Millionen Einwohner Ausländer sind. Daß der Integrationsprozeß nicht ohne Spannungen verläuft, belegen nicht nur Bürgerinitiativen gegen »Überfremdung«.

Und es zeigen sich noch weitere Risse im Paradies. Obgleich das Volk der Schweizer 1995 einen gleichen Rentenanspruch für Verheiratete und Ledige gutgeheißen hat, Bundesrat und Parlament die Reform der Arbeitslosenversicherung sowie das Gesetz zur Gleichstellung von Mann und Frau unter Dach und Fach gebracht haben, harren große Probleme einer Lösung. Die Europapolitik scheint in einer Sackgasse zu stecken, die Realisierung des zukunftsweisenden Eisenbahnkonzepts NEAT, der neuen Alpentransversale, droht an den Milliardenkosten zu scheitern. Und da sich die Wirtschaftslage in letzter Zeit markant verschlechtert hat, werden bereits erste Stimmen laut, die den »schlanken« Staat fordern.

Der Mythos vom schweizerischen Freiheitskampf

Wir sind das Land der Freiheit und mit Schiller und den Ausländern davon überzeugt, daß wir uns die Freiheit mit Revolutionen erkämpft hätten. – Das ist nicht wahr.
Peter Bichsel, Des Schweizers Schweiz

*K*ein Geringerer als Friedrich Schiller hat mit dem *Wilhelm Tell* den Schweizern zu ihrem Nationalmythos verholfen. In einem geheimen Bündnis gelobten die Urkantone URI, SCHWYZ und UNTERWALDEN für ihre Unabhängigkeit von den Habsburgern zu kämpfen. Um die Loyalität des Bauern- und Hirtenvolks zu prüfen, ließ der habsburgische Landvogt Geßler auf dem Marktplatz von ALTDORF einen Hut auf eine Stange stecken, dem die Vorübergehenden die Ehre erweisen sollten. Da Tell solches zu tun nicht gewillt war, wurde er verhaftet und dazu verurteilt, einen Apfel vom Kopf seines Sohnes zu schießen. Das schier Unmögliche gelang; doch wegen eines zweiten Pfeiles, mit dem Tell den Landvogt treffen wollte, hätte er seinen Sohn verletzt, sollte der rebellische Schütze über den VIERWALDSTÄTTER SEE in eine Festung bei KÜSSNACHT gebracht werden. Als

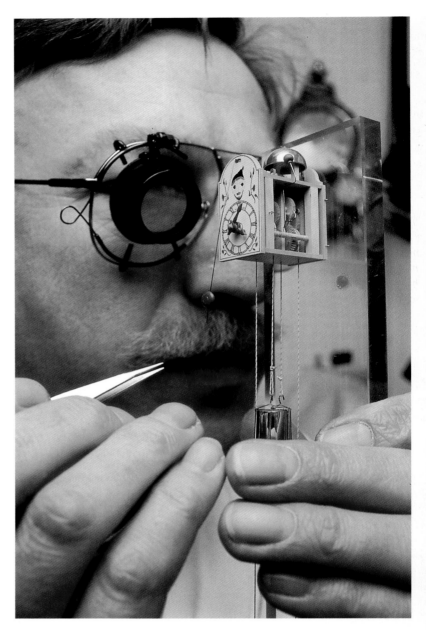

Als Meisterwerke an Präzision und Schönheit überliefern Schweizer Uhren die Kunst eines alten Handwerks, das dank feinster Maßarbeit und modernster Technologie bis heute überlebt hat. Die Uhrenhersteller sind vor allem im Jura-Gebiet und der nordöstlichen Schweiz angesiedelt. Aristokratische Namen wie Audermas Piquet, Dlancpoin, Jaeger-Le-Coultre garantieren für höchste Qualität.

ein gewaltiger Föhnsturm aufkam und Tell das Ruder übertragen wurde, steuerte er auf das Ufer zu und rettete sich mit einem wagemutigen Sprung auf eine Felsplatte, indes er das Boot in den aufgewühlten See zurückstieß. Tags darauf wartete er Geßler in einem Hinterhalt in der Nähe von Küssnacht auf, und Tells Geschoß traf den Tyrannen so sicher, wie der erste Pfeil den Apfel durchbohrt hatte.

Die urschweizerische Freiheitsgeschichte findet sich erstmals im *Weißen Buch von Sarnen* (1470). Ob und inwieweit dieser Gründungsmythos den historischen Tatsachen entspricht, bleibt offen;

och lebendig ist er im Schweizervolk wie eh und je. Nicht nur ausländische Gäste suchen die damit verbundenen Orte auf, die RÜTLIWIESE oberhalb des VIERWALDSTÄTTER SEES, die TELLSKAPELLE, deren Fresken Stationen aus dem Heldenleben veranschaulichen, das Denkmal in ALTDORF sowie die HOHLE GASSE bei KÜSSNACHT sind auch für Schulreisen, Schützenvereine und Hochzeitsgesellschaften beliebte Ausflugsziele.

Bei nationalen Treffen kommen alle Alphornbläser des Landes zusammen. Dies traditionelle Instrument hat das Leben der Schweizer nicht nur bei Festen begleitet, sondern auch bei der Arbeit und in

Zeiten des Kriegs. Sein Klang hallte von Tal zu Tal, wenn abends der Schäfer seine Herde damit versammelte. In Kriegszeiten ermöglichte es die Kommunikation über weite Distanzen hinweg.

Von der Alten Eidgenossenschaft zum modernen Bundesstaat

Daß die frühesten Spuren einer menschlichen Besiedlung des Landes bis in die Altsteinzeit zurückreichen, braucht das Volk der Schweizer nicht groß zu kümmern – seine Geschichte beginnt mit dem heiligen Bündnis im Jahre 1291.

Mit der allmählichen Ablösung der Urschweiz vom Hause Habsburg, der Suche nach neuen Bündnispartnern und einer expansionistischen Politik entstand die Alte Eidgenossenschaft der 13 Orte mit ihren Untertanengebieten und zugewandten Orten. Nach den siegreichen Schlachten über die Habsburger Heere bei Morgarten, Sempach, Näfels und über den Burgunderherzog Karl den Kühnen bei Grandson, Murten und Nancy hatten sich die Eidgenossen den Ruf von unerschrockenen Kriegern erworben. Doch erst zur Zeit des Humanismus, da BASEL als Universitätsstadt und Zentrum des Buchdrucks Bedeutung erlangte, setzten erste Bemühungen um ein gesamteidgenössisches Bewußtsein ein.

Im ersten protestantisch-katholischen Religionskrieg fiel der Züricher Reformator Ulrich Zwingli 1531 in der Schlacht bei KAPPEL. Doch letztlich obsiegte ein relativ friedliches Nebeneinander beider Glaubensrichtungen. Der Dreißigjährige Krieg berührte die Eidgenossenschaft nur am Rande. Als mit der gesamteidgenössischen Heeresordnung die bewaffnete Neutralität eingeläutet war, wurde 1648 im Westfälischen Frieden die Loslösung der Eidgenossenschaft vom Römischen Reich völkerrechtlich anerkannt. Bis zur Geburt des modernen Staates brauchte es jedoch noch eine Weile. Die Bundesverfassung zum »Schutz der Rechte und Freiheiten aller Eidgenossen und der Beförderung ihrer gemeinsamen Wohlfahrt« und die erste Bundesversammlung kamen am 1. November 1848 zustande.

Auf dem Weg in die Gegenwart

Die Industrialisierung veränderte das wirtschaftliche und soziale Gefüge rasant. Das Bahnnetz erschloß das Land, und schließlich bezwang der Ingenieur Louis Favre den GOTTHARD mit einem Tunnel, der die wichtige Transitverbindung zwischen Deutschland und Italien herstellte. Während in den Nachbarstaaten die Schlachten des Ersten Weltkriegs tobten, wuchsen hierzulande die Industrien. Daß die Zustände aber alles andere als idyllisch waren, belegt der

erste (und bisher einzige!) landesweite Generalstreik von 1918. Fast hunderttausend Soldaten und Polizisten wurden gegen die demonstrierenden Arbeiter aufgeboten. Doch sie erstritten die 48-Stunden-Woche und die Wahl des Nationalrats nach dem Proporzsystem.

Auch gegen die Konflikte des Zweiten Weltkriegs schottete man sich ab. Die Landesausstellung 1939 in ZÜRICH brachte geistige Landesverteidigung zum Ausdruck, die militärische gipfelte im Gedanken des Réduits, dem geplanten Rückzug in die Alpen, die man bis aufs letzte verteidigen würde. Die eher dunklen Flecken dieser jüngeren Schweizer Geschichte – von Autoren wie Max Frisch, Niklaus Meienberg oder Walter Kauer literarisch aufgegriffen – wurden erst nach und nach enttabuisiert. Der Réduitplan, das abweisende Verhalten jüdischen Flüchtlingen gegenüber, Waffenhandel und Waffenschieberei sind nur einige Themen, die die Schweiz bis auf den heutigen Tag beschäftigen.

Die Schweiz beginnt beim Gotthard

»Immer muß der Schweizer beim Gotthard beginnen, das ist der Anfang und das Ende seiner Geographie«, lesen wir bei Heinrich Federer. »Überall, rechts, links, oben, unten hörst du das Wasser musizieren.« Der Paß gewann seit dem 12. Jahrhundert als Handelsweg, aber auch als völker- und kulturverbindende Straße zunehmend an Bedeutung.

Der Alpen-Transit bereitete schon damals den Landsleuten einiges Kopfzerbrechen. Vor allem der Übergang über die stiebende REUSS bei der Schöllenen stellte eine schier unlösbare Aufgabe dar, so daß die Urner mit dem Teufel einen Pakt zu schlossen. Tags darauf staunte das Hirtenvolk nicht schlecht, als tatsächlich eine Steinbrücke stand. Nur, der erste, so war vereinbart, der über die Brücke schritt, sollte des Teufels sein. Da schickte der Landamman einen unbändigen Ziegenbock los, was den Teufel so sehr erzürnte, daß er sein Werk mit einem Felsbrocken zerstören wollte. Doch ein altes Mütterchen kam ihm zuvor und schlug über ihm das Kreuz. Worauf der Gehörnte beschämt zur Hölle fuhr.

Am rechten Rheinufer, dort, wo der Fluß dem Bodensee entfließt, liegt das zauberhafte Städtchen Stein am Rhein. Mit Fresken verzierte Häuserfassaden, Brunnen und Erker auf dem Hauptplatz haben ihm bis heute einen mittelalterlichen Charakter und den typischen Kunstsinn alter deutscher Städte bewahrt.

Auf die Sage verweisen noch heute das auf den Felsen gemalte Teufelsbild und der Teufelsstein. Unter unmenschlichen Bedingungen – ohne Hilfe des Teufels – wurde 1872 bis 1882 der Eisenbahntunnel gebaut; ein Denkmal in AIROLO erinnert an die Opfer, die das Jahrhundertbauwerk gefordert hat. Rund hundert Jahre später erfolgte der Durchstich für den Straßentunnel, den täglich Tausende von Fahrzeugen passieren.

Mit den Flüssen gen Paradies

Das GOTTHARDMASSIV sendet Wasserquellen nach allen Himmelsrichtungen den Meeren entgegen. Nach Osten quirlt der junge RHEIN in seinem geröllübersäten Bett, flankiert von stolzen Dreitausendern, dem Städtchen ILANZ zu. Zum Fluß angeschwollen, wendet er sich unweit von CHUR, der ältesten Schweizer Stadt, nach Norden und fließt, von Menschenhand längst gebändigt, an Rebhängen und Feldern vorbei, bald das SÄNTIS- und ALPSTEINGEBIRGE zurücklassend, in den BODENSEE. Nur einen Steinwurf entfernt liegen die sanften Hügelzüge des APPENZELLERLANDES mit den weit verstreuten herausgeputzten Gehöften sowie das historisch bedeutsame ST. GALLEN, das auf eine der frühesten Klostergründungen zurückgeht. Indessen umspülen die Wellen die Gestade der Blumeninsel MAINAU. Der Fluß verläßt den westlichen Seezipfel, malerische Städtchen folgen, allen voran das anmutige STEIN AM RHEIN mit seinen bunt bemalten Häuserfassaden. In SCHAFFHAUSEN grüßt majestätisch die BURG MUNOT, bevor sich die Wasser am RHEINFALL schäumend und tosend in die Tiefe stürzen und der Fluß bei BASEL die Schweiz verläßt.

Theatralischer gebärdet sich im obersten Verlauf die RHÔNE. Dem Gletscher entspringend, suchen die weitverzweigten Bäche den Weg ins Flußbett, das schon bald auch die Wasser der Seitentäler aufnimmt. Das Tal weitet sich und verwandelt sich bald in einen fruchtbaren Garten, von einem zähen Menschenschlag erschaffen. Die Sonnenküste des GENFER SEES ist nicht mehr weit; verträumt liegen die Weindörfer in den Rebhängen über dem See, stolz erhebt sich SCHLOSS CHILLON, malerische Städtchen und prachtvolle Villen säumen die Ufer. In GENF, das gleich auf den ersten Blick den Eindruck von kosmopolitischem Leben erweckt, verläßt die RHÔNE den See. Hier befinden sich das europäische Zentrum der UNO sowie das nukleare Forschungszentrum CERN. In dieser Stadt hatten einst Farel und Calvin die Reformation gepredigt, wurde Rousseau geboren, und widmete der Genfer Geschäftsmann Henri

Dunant sein Leben ganz dem Aufbau des Roten Kreuzes. Nach Norden stürzt sich die REUSS zu Tale, die schon nach kurzem Lauf im VIERWALDSTÄTTER SEE vorübergehend Ruhe findet, wenn nicht gerade der Föhn das Wasser peitscht. Eine Fahrt auf einem der nostalgischen Raddampfer versetzt hier in vergangene Zeiten. Die erhabene Landschaft, gekrönt von der königlichen RIGI und dem sagenumwobenen PILATUS, lädt zum Verweilen. In der traumhaft gelegenen Stadt LUZERN, – von Victor Hugo als »das Wunder der Schweiz« gerühmt – verläßt die REUSS den See. Bei WINDISCH, dem römischen Vindonissa,

Bern, die Hauptstadt der Schweiz und des gleichnamigen Kantons, liegt geschützt in einer Flußschleife der Aare am Fuße der Berner Alpen. In der Altstadt begegnet man noch heute den ursprünglichen mittelalterlichen Türmen und mit Bogengängen verzierten Häuserreihen – Zeichen von Wohlstand und Bürgerstolz seit langem.

Oben *Freiburg, das Zentrum des Schweizer Katholizismus von protestantischen Kantonen umgeben, ist eine Stadt voller Kunst und Kultur aus dem Mittelalter. Die Abbildung zeigt den Turm der St. Nikolaus Kathedrale (1283-1490).*

Unten *Der Ruhm des eleganten Montreux, mit seinen Luxushotels und dem Spielkasino, geht auf das Ende des 19. Jahrhunderts zurück. Zwischen Juni und Juli findet hier das international renommierte »Jazzfestival« statt.*

Madonna del Sasso weit blickt über den LAGO MAGGIORE, wo im Frühjahr schon jubelnde Blumenpracht herrscht, während im Norden erst Veilchen blühen. Milder scheint hier alles, selbst die wilden Täler der VERZASCA oder der MAGGIA – ein südlicher Charme strahlt aus allen Winkeln. Und von den BRISSAGO-INSELN mit ihren nahezu zweitausend verschiedenen mediterranen und subtropischen Pflanzen weht ein Hauch von Exotik herüber, den wir einer russischen Gräfin zu verdanken haben. Um die Jahrhundertwende hatte sie die Inseln erstanden und in einen einzigartigen botanischen Garten verwandeln lassen, bis sie zuletzt verarmte.

Wenn bereits zäher Herbstnebel sich über das Mittelland legt, flanieren noch lange sonnenhungrige Touristen auf den Seepromenaden, durch die Gäßchen von LUGANO, lassen sich im Boot gemächlich ins nahe Fischerdörfchen GANDRIA übersetzen, werfen vom Tessiner »ZUCKERHUT« die letzten Blicke auf dieses Paradies.

Kulturelle Vielfalt

Die kulturelle Vielfalt, die das kleine Land hervorgebracht hat, findet weit über die Landesgrenzen hinaus Beachtung – denkt man nur an so bedeutende Dichter und Künstler wie Gottfried Keller, Max Frisch und Friedrich Dürrenmatt, Ferdinand Hodler und Max Bill, an die Architekten Le Corbusier und Mario Botta.

Doch am augenfälligsten ist die kulturelle Vielfalt in den Bauwerken. Bedingt durch die unterschiedlichen Klimata das Vorhandensein verschiedenartiger Baustoffe, haben sich im Tessin, im Goms, im Engadin, im Aargau oder in der Romandie eigenständige Haustypen entwickelt. Eindrücklich erzählt das Freilichtmuseum BALLENBERG OB BRIENZ die Geschichte der ländlichen Bau- und Wohnkultur umfassend und lebendig.

Über das ganze Land verstreut liegen die Burgen und Schlösser, auf hohen Hügeln und Felsklippen oder an den Ufern der Seen. Zahlreich säumen sie noch heute die alten Handelswege, die über die Alpen und den Jura führten, und in der welschen Schweiz zieren sie – dank der baufreudigen Grafen und Herzöge von Savoyen – wohl jedes zweite Dorf. Dünner gesät sind sie einzig in den Urkantonen, wo die fremden Vögte schon früh vertrieben und die Burgen in Schutt und Asche gelegt wurden.

Wie sehr die Schweiz im Herzen Europas liegt, erweist sich im Kirchenbau. Während die bedeutsamen romanischen Kirchen von ROMAINMÔTIER und PAYERNE dem clu-

vereinigt sie sich mit der AARE, deren Lauf durch wilde Schluchten, durch die Tore des BERNER OBERLANDS, durchs Mittelland und dem Jura entlang durch die halbe Schweiz geführt hat.

Von AIROLO fällt der TICINO über Treppen in die Tiefe, strömt dem Süden zu, am burgenreichen Bellinzona vorbei, wo die historisch bedeutsamen Paßrouten des GOTTHARD, NUFENEN, LUKMANIER und SAN BERNARDINO zusammentreffen. Und endlich liegt er vor uns, der sonnendurchleuchtete Hang über LOCARNO und ASCONA, an dem die

niazenischen Vorbild folgten, steht das Karl dem Großen zugeschriebene karolingische MUSTAIR am äußersten Zipfel GRAUBÜNDENS unter einem ganz andern Einflußbereich; reiht sich ALLERHEILIGEN in SCHAFFHAUSEN in die Hirsauer Tradition, so ist im TESSIN die Hand italienischer Meister genauso unverkennbar wie in LAUSANNE die Ausstrahlung der französischen Gotik. Für die Deutschschweiz bezeichnend ist das Nebeneinander verschiedener Einflüsse. In der Wallfahrtskirche EINSIEDELN, einer der schönsten Barockanlagen Europas, haben die Gebrüder Asam aus München die Deckengemälde geschaffen; die Pläne für den Vorplatz, stammen von einem Mailänder Architekten.

Zu einer Reise durch die Schweiz gehört nicht zuletzt der Besuch der schmucken Städtchen und Städte, die sich vornehmlich im Hochmittelalter entfaltet haben und die nicht zuletzt zur Zeit der Handwerker und Zünfte ihr bürgerliches Gesicht erhalten haben. Vielfältiger könnten die Eindrücke kaum sein: APPENZELL, dessen bemalte Holzhäuser mit den geschweiften Giebeln das bäuerlich-barocke Ortsbild prägen, ist keine zwei Stunden entfernt von der mondänen Züricher Bahnhofstraße und dem Limmatquai, der Seeuferpromenade, die sich in unmittelbarer Nähe des Fraumünsters und des Großmünsters wie ein kunstgeschichtlicher Prospekt ausnimmt, der den Bogen vom Mittelalter bis in die Gegenwart schlägt. Und wer vermöchte sich schon den Reizen zu entziehen, über die BERN, FRIBOURG und MURTEN, BASEL, PRUNTRUT und SOLOTHURN, BIEL, NEUENBURG und YVERDON, ZUG und LUZERN, BELLINZONA und LUGANO, LAUSANNE und GENF und, und, und .... so verschwenderisch verfügen? – Wohlauf denn, die Schweiz heißt Sie willkommen!

Verschnaufpause in der Nähe der Keschhütte: Im Hintergrund der Gipfelkamm des Piz Kesch (3418 Meter) der zu den bekanntesten Gipfeln des Oberengadins gehört.

S. 22/23 Kaum hat man Genf mit seinem hektischen Treiben verlassen, findet man sich in der alten, bäuerlichen Schweiz wieder, wo die Feldarbeit im Lauf der Jahreszeiten noch immer das Leben der Menschen bestimmt. Sanfte, regelmäßig angelegte Weinberge führen den Blick gen Horizont.

S. 24/25 Die verschneiten Felswände des Eiger (3970 Meter), des Mönch (4099 Meter) und der Jungfrau (4158 Meter), jener drei Giganten, die die schier unendliche Fläche des Aletschgletschers im Berner Oberland beherrschen.

EINSAME GIPFEL –
ZAUBERHAFTE TÄLER

In den Berner Alpen liegt das Simmental mit seinen malerischen Hügeln, Wäldern und den von vereinzelten Gehöften durchsetzten Weideflächen und Almen (links). Die Gegend ist außerdem berühmt für die weiß-rotbraunen Simmental-Kühe. Ihren Namen verdanken sie dem Fluß Simme, der hier (unten) aus dem Thuner See austritt.

Rechts Die Legende erzählt, die arme Seele des Pontius Pilatus wandere noch immer ruhelos über das gewaltige Bergmassiv des Pilatus (2132 Meter), der sich nahe Luzern über dem Ostufer des Vierwaldstätter Sees erhebt: Von seinem Gipfel aus hat man eine einzigartige Aussicht auf vierzehn Seen und weite Teile der Schweizer Alpen. Der Pilatus Kulm läßt sich mit der weltweit steilsten Zahnradbahn erreichen; bei einer Strecke von nur 4,5 Kilometern überwindet sie einen Höhenunterschied von 1630 Metern.

Auf dem Dach Europas

Der Monte Rosa und die kühne Bergspitze des Matterhorns sind Hauptfiguren der Alpingeschichte des 19. Jahrhunderts. Im Jahr 1855 bezwangen Charles Hudson und die Brüder Smith den höchsten Gipfel des Monte Rosa, den Dufour (4634 Meter). Zehn Jahre später gelang es dem Engländer Edward Whymper das Matterhorn über die Schweizer Wand zu erklimmen, und nur zwei Jahre später bezwang Antonio Carrel den Berg über die steilste Wand von italienischer Seite aus.

S. 30/31 Nördlich der Rhône erstreckt sich das Wallis in die Berner Alpen hinein. Dort bietet sich ein überwältigendes Panorama über schweigende Gipfel, die wie hier das Finsteraarhorn teilweise die 4000-Metergrenze überschreiten.

Wie keine andere Bergwand fordert die Nordwand des Eiger (3975 Meter) im Berner Oberland die leidenschaftlichsten Anhänger des modernen Alpinsports heraus. 1912 wurde hier ein kühnes Bergbahnprojekt verwirklicht: 7 Kilometer der Bahnstrecke führen durch einen in den harten Fels des Eiger gehauenen Tunnel hinauf zur Bergstation Jungfraujoch (3453 Meter, Abbildung oben). Der Blick von hier reicht über den Aletschgletscher bis zu den Vogesen und dem Schwarzwald.

Das Saastal am Fuße des Feeglet-
schers zwängt sich zwischen atem-
beraubenden Bergriesen hindurch.
Der Seelsorger Josef Imseng war
1836 der erste Besucher des kleinen, nur von Almen umgebenen
Dorfes Saas Fee. Anschließend
machte er das Tal bekannt, dessen
Bewohner der tiefe Glaube an die
katholische Kirche auszeichnet. Das
Bergdorf Saal-Amagell am Ende
des Tals gelangte als Geburtsstätte
des Abfahrtmeisters Pirmin Zur-
briggen zu unerwarteten Ruhm.

Valle Maggia:
Magie in Schnee

Am Eingang des Valle di Bosco, wenige Kilometer von der italienischen Grenze entfernt, erstreckt sich der höchstgelegenste (1506 Meter) und zugleich einzige deutschsprachige Ort des Tessins,

Bosco Gurin. Seine Bewohner, die Nachkommen einer wallisischen Kolonie aus dem 13. Jahrhundert bewahrten bis heute ihren ursprünglichen Dialekt, ihre Traditionen und eine typische Bauweise.

Rechts Die Bewohner des Valle Maggia lebten lange Zeit in ständiger Furcht vor katastrophalen Überschwemmungen. Auch heute noch hallt der ohrenbetäubende Lärm, mit dem gewaltige Wasserfälle die Steilwände hinabstürzen, durch die Täler. Aber die Wassermassen stellen keine Gefahr mehr dar, eher einen Gewinn: Sie werden nun durch Wasserkraftwerke genutzt und reguliert, so daß der von den Gletschern der Tessiner Alpen gespeiste Fluß Maggia ruhig dahinfließt.

Giganten der zentralen Schweiz

Der Große Aletschgletscher, auf den man vom Gipfel des Eggishorns die beste Aussicht hat, ist der größte Alpengletscher. Er beginnt unterhalb des Bergmassivs der Jungfrau und erstreckt sich über 27 Kilometer mit überwältigenden Gletscherstürzen und tiefen Eisspalten talwärts, bis er sich in einer Moräne verläuft.

S. 38/39 Von dem mächtigen Bergmassiv der Blümlisalp aus verlaufen gewaltige Gletscherzungen talwärts. Die Schneehänge der Berner Alpen sind besonders bei Skiläufern, Touren- und Abfahrtskifahrern beliebt. Sie ziehen eine wachsende Zahl von Wintersportler an, die sich abseits der überfüllten Pisten bewegen wollen.

Die Gipfel des Mönch und des Eiger, von der Nordwand aus gesehen. Die Legende berichtet, es sei die Aufgabe des Mönch gewesen, die Jungfrau vor den Nachstellungen des Wüstlings Eiger zu beschützen. Die Geschichte spiegelt den früheren mythologischen Glauben der Bergbewohner an eine belebte Natur wider.

S. 42/43 Seit dem 19. Jahrhundert fordert das Matterhorn auch Schriftsteller und Künstler heraus: Rodolphe Topffer (1799-1846) widmete ihm seinen Roman *Nouveau voyage en zig-zag*, James David Forbes (1809-1868) thematisierte es in seinem Werk *Travels through the Alps*, und John Ruskin hielt mit Hilfe der Daguerreotypie das Matterhorn erstmals fotografisch fest. Zermatt und das Matterhorn wurden früh zu Schauplätzen eines elitären Tourismus, der bis heute nicht abgerissen ist.

Links und rechts unten Mit
3780 Meter ist das Lötschentaler-
Breithorn einer der höchsten Berge
der Berner Alpen. Diese Aussicht
hat der Besucher von Kandersteg
aus.

Unten Eine der ältesten Straßen
steigt den San Bernhardino-Paß
hinauf. An ihr liegt das von Bernar-
do d' Asto gegründete Hospiz, in
dem Augustinermönche leben. Im
Mittelalter wurde es zu einem Ort
für Besinnung, Gebet und Studium.
Dokumente, die die berühmtesten
Durchreisenden von den Kelten bis
hin zu Napoleon verzeichnen,
bewahrt das angegliederte Museum.

Rechts Unterhalb des ewigen Eises auf den Gipfeln der Zentralschweiz: In den ins Eis gehauenen Stollen leuchtet dem Besucher ein geradezu mystisch blaues Licht entgegen, und er kann bis ins tiefe Innere der Gletschergiganten vordringen, während über ihm Millionen Tonnen von Eis sich türmen.

S. 46/47 Zwischen Italien und der Schweiz, dort, wo der Gotthard-Eisenbahntunnel sich in den Berg gräbt, erstreckt sich die unberührt wirkende Natur des Göschenertals bis hin zu den Ufern des Göscheneralpsees, einem großen, künstlich angelegten See am Fuße des Dammstock.

Der strenge Zauber
Schweizer Täler

Das Simmental verkörpert geradezu idealbildlich alpine Landschaft:
tiefgrüne Wiesen, vereinzelte
Häuschen mit den typischen her-
untergezogenen Dächern, Wälder
und das Spiel der Wolken über den
gewaltigen Felswänden der Berner
Alpen.

Nietzsche hatte nicht Unrecht mit seiner Behauptung, daß zwischen dem Engadin, Italien und Finnland eine direkte Verbindung bestehe. Die Kultur der drei Länder scheint verwandt wie der Klang der Sprache und die Harmonie der Architektur. Auch der Harzduft über der Natur aus Wäldern und Seen ist in allen drei Ländern zu finden und lockt die Liebhaber der Einsamkeit herbei.

Links Herbstfarben an den Hängen des Wallis. Zwischen Wäldern und Himmel schwebt die verschneite Silhouette des Lötschentaler-Breithorns.

Rechts Im Schutz einer tiefen Schlucht hat sich die Simme ihr Flußbett gegraben.

Mitte Wind und Regen haben die Moräne des Val d'Hérens zu den bizarren Formen der berühmten Erdpyramiden von Euseigne gemeißelt.

Unten Das San Bernardino-Tal im Wechselspiel von Licht und Schatten.

S. 52/53 Erhaben thront die Burg Montebello aus dem 13. Jahrhundert über Bellinzona, der »Stadt der Burgen«. Der Hauptturm und die mit einem ghibellinischen Zinnenkranz geschmückte Wehrmauer zum Schutze des Rundgangs, erinnern stark an mittelalterliche Städte in Italien. Drei Festungen umgeben die Stadt: das Castel Grande, Montebello und die Burg Sasso Corbaro. Heute ist Bellinzona die Hauptstadt des Kantons Tessin mit florierender Industrie und Kultur.

Die Seen:
Perlen der Alpen

Links und rechts Ein Teil des halbmondförmigen Genfer Sees berührt Schweizer Territorium, ein anderer erstreckt sich bis nach Frankreich. Wegen seines sehr milden Klimas wird das Nordufer, insbesondere der Abschnitt zwischen Lausanne und Montreux, auch die Schweizer Riviera genannt. Sanfte Weinberge und kleine, traditionelle Dörfer entlang der Ufer unterbrechen die ruhige Wasserlandschaft des Sees. Bereits im 18. und 19. Jahrhundert zog er die berühmtesten Männer der damaligen Kulturszene an, unter ihnen Voltaire, Rousseau, Lord Byron, Shelley und Victor Hugo.

Rechts Bei Sonnenuntergang scheint der Zürichsee in Flammen zu stehen. Drei Kantone haben Anteil an ihm: Zürich, Sankt Gallen und Schwyz. Hauptzufluß des Sees ist der Linth. Mit einem anderen Namen, als Limmat, tritt er aus dem See wieder heraus.

Der Luganer See (oben), der Bodensee (unten) und der Vierwaldstätter See (rechts). So unterschiedlich wie ihre jeweilige Gestalt sind auch die Menschen, die an ihren Ufern leben. Gekrümmt liegt der Luganer See zwischen den parallel verlaufenden Lago Maggiore und Lago di Como. Der Bodensee verbindet die Schweiz und Deutschland, wo der Rhein aus dem See austritt und seinen langen Lauf gen Nordsee beginnt. Der Vierwaldstätter See gilt als Herz und Seele der Schweizer Geschichte.

S. 58/59 Uri, Unterwalden, Schwyz und Luzern: Diese vier Kantone sind die ersten Bündnispartner der Schweizerischen Eidgenossenschaft. Sie umgeben den schönsten aller Schweizer Seen, den Vierwaldstätter See. Vom Gipfel des Pilatus aus sieht man ihn wie ein Kreuz in einem weitgehend ursprünglich erhaltenen Naturgebiet vor sich liegen. Kleine Ferienorte am Fuße der Berge laden zur Erholung ein. Dampfer und Segelboote tragen zu der ruhigen, friedvollen Atmosphäre bei.

DIE WIEGEN
DER SCHWEIZER
KULTUR

Zusammen mit Basel bildet Schaffhausen das Tor zum Norden der Schweiz. Eine harmonische mittelalterliche Bausubstanz wird hier sorgfältig erhalten: gewundene Straßen, alte Türme, bewehrte Gebäude, typische Erker und vorspringende Fenster. Die Stadt hat durch die rasante Industrialisierung der Umgebung keinen Schaden genommen. Nicht weit von Schaffhausen stürzt sich der Rheinfall mit ohrenbetäubendem Lärm in die Tiefe: 150 Meter breit und mit einer Fallhöhe von etwa 20 Metern ist er der eindrucksvollste und größte Wasserfall Europas.

Schaffhausen – Tor zum Norden

Links Auf dem Fronwagplatz im Zentrum von Schaffhausen schmückt die Statue eines der Drei Heiligen Könige den sogenannten Mohrenbrunnen. Zur Rechten hält er einen Schild mit den kaiserlichen Insignien, Symbol der Ehrerbietung gegenüber dem habsburgischen Österreich und der politischen Entspannung, nachdem Schaffhausen 1218 reichsfreier Stadtstaat geworden war. 1501 trat die Stadt der Schweizer Eidgenossenschaft bei.

Rechts Nummer 65 in der Vordergasse, der belebtesten Geschäftsstraße von Schaffhausen, nicht weit vom Rathaus, ist das berühmte Haus zum Ritter. Tobias Stimmer verzierte es 1570 mit Fresken, die allegorische Szenen und kriegerische Episoden aus dem antiken Rom darstellen. Im Museum zu Allerheiligen kann man die Lebensgeschichte dieses bedeutenden Schaffhausener Künstlers nachlesen, der bei den Brüdern Holbein gelernt hatte.

Bern:
Der politische
Mittelpunkt

Den Biegungen der Aare nach zieht sich die Altstadt Berns in drei Parallelstraßen am Fluß entlang. In seinem Gewirr von Sträßchen und kleinen Plätzen finden sich die berühmten zwölf vergoldeten Figurenbrunnen, die in der Mehrzahl auf den Schaffhausener Künstler Hans Gieng (1544-46) zurückgehen.

Links Das Rathaus ist ein Bauwerk des Heinrich von Gengenbach aus dem 15. Jahrhundert. Eine doppelläufige Freitreppe führt vom Erdgeschoß, das einst als Getreidekammer diente, in die spitzbogengeschmückte, Vorhalle, über die man in die Ratsäle gelangt.

Unten Die Markgasse übt mit ihrem langen Laubengang und den herrschaftlichen Bauten aus dem 17. und 18. Jahrhundert eine noch stärkere Faszination aus als die Hauptstraße Berns. Am Ende der Straße, hinter dem Schützenbrunnen (1543 von Hans Gieng

geschaffen), erhebt sich der Zeitglockenturm (Zytglogge), das Wahrzeichen der Stadt. Er wurde zwischen 1191 und 1120 erbaut und fungierte als Haupteingangstor in die Stadt Bern.

S. 66/67 Die Front des Zeitglockenturms ziert das Meisterwerk einer astronomischen Großuhr, 1527-1530 von Kaspar Brunner geschaffen. Sie zeigt neben Stunde, Tag und Monat auch die Position der Tierkreiszeichen in Bezug auf die Erde, die hier nach Ptolemäischem Weltbild noch das Zentrum des Universums ist.

Rechts Moses mit der Gesetzestafel krönt den Mosesbrunnen auf dem Platz vor der Schaffhausener Kathedrale. Der ursprüngliche Brunnen stammt aus dem Jahr 1544, die heutige Version ist eine Kopie aus dem 17. Jahrhundert.

Unten Auserwählte und Verdammte, Närrinnen und kluge Jungfrauen gehören zur Komposition des Weltgerichts am Hauptportal des spätgotischen Münsters St. Vincenz in Bern. Die berühmte Kirchenbauerfamilie Ulrichs von Ensinger entwarf diese Kathedrale sowie verschiedene Kirchen in Ulm, Straßburg und Mailand.

Rechts Nach dem Mythos von der Stadtgründung Berns wurde der Grundstein der Stadt dort gelegt, wo Graf Berchthold von Zähringen 1191 einen Bären erlegte. Seitdem ist der Bär das Wappentier Berns. Einige Historiker führen sogar den Namen der Stadt etymologisch auf das Wort Bär zurück, andere hingegen vertreten die Ansicht, ihren Namen verdanke die Stadt dem legendären Dietrich von Bern, als den die deutsche Heldensage den ostgotischen König Theoderich von Verona besingt.

Basel: Schweizerdeutsches Herz

In der Stadtgeschichte Basels verknüpfen sich die Fäden der großen kulturellen, künstlerischen und religiösen Geschehnisse in Europa, vom 15. Jahrhundert bis in unsere Zeit. Dafür stehen beispielhaft das berühmte Baseler Konzil, die von Enea Silvio Piccolomini gegründete Universität, an der Koriphäen wie

Paracelsus und Euler, Burkhardt und Nietzsche lehrten sowie die bekannte Baseler Buchdruckkunst. Schon Erasmus von Rotterdam veröffentlichte hier einige seiner Werke unter dem Herausgeber Froben.

Oben links Der rote Sandstein der Vogesen verleiht dem Berner Münster am linken Rheinufer seine Einzigartigkeit.

Oben rechts und rechts Restaurationsarbeiten von 1901 haben dem Freskenzyklus am Basler Rathaus aus dem frühen 17. Jahrhundert noch mehr Wirkungskraft verliehen.

Durch die Herstellung von Spitzen und Stickereien gilt St. Gallen als das wichtigste kulturelle und wirtschaftliche Zentrum der Ostschweiz.

Die Stadt verdankt ihren Namen dem irischen Mönch und Missionar St. Gallus, der hier 613 eine Einsiedelei gründete. 747 wurde sie in die noch heute berühmte Benediktinerabtei umgewandelt.

Die Stiftsbibliothek (links unten) enthält unter anderem die Sammlung einiger der kostbarsten mittelalterlichen Texte Europas, wertvollste Inkunabeln, Handschriften und Holzschnitte, die Schreiber der Karolingerschule einst mit Miniaturen verzierten.

Genf:
Kosmopolitische Stadt

Genf - jene Stadt, die Calvin in eine Hochburg des Protestantismus und ein Refugium für vertriebene Gläubige jeder Herkunft verwandelte - liegt an der Stelle, wo die Rhône aus dem Lac Léman austritt. Heute ist Genf ein wohlhabendes

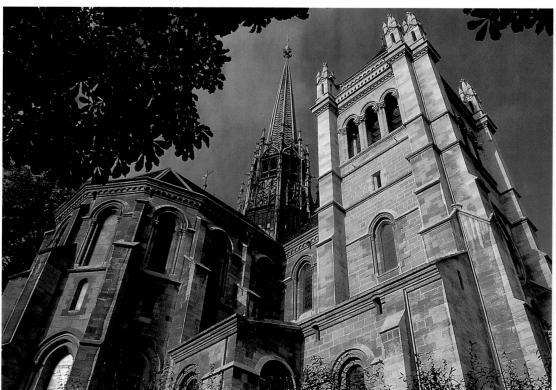

kosmopolitisches Zentrum: Das Internationale Komitee des Roten Kreuzes, der Internationale Arbeiterbund, UNO, UNESCO und UNICEF und der Ökumenische Rat der Kirche haben hier ihren Sitz. Der alte Stadtkern um die romanisch-gotische Kathedrale herum beeindruckt durch die Gewichtigkeit seiner Bauten. Der neue Teil Genfs ist elegant und modern. Hier findet man luxuriöse Geschäfte und Juweliere, herrliche, von Parks umgebene Villen, breite Seepromenaden von stattlichen Bäumen gesäumt und großartige moderne Gebäude - darunter die Universität und das zwischen 1929 und 1937 erbaute Palais des Nations, an dem fünf Architekten aus verschiedenen Ländern mitwirkten.

Lausanne: Stadt der Gärten

Zwischen dem Genfer See und den Hügeln im Hinterland dehnt sich Lausanne aus. Die Stadt ist wie ein großer Garten, ihre Wohnviertel liegen versteckt im Grün. Prächtige Hotels reihen sich das Seeufer entlang, wo sich auch das Nobelviertel Ouchy mit dem Strand und Hafen der Stadt befindet. Das Stadtinnere beherrscht die Kathedrale auf der Spitze eines Hügels (unten links). Dieses Meisterwerk gotischer Baukunst in der Schweiz weihte Papst Gregor X. 1275 mit einer prunkvollen Zeremonie in Anwesenheit des Kaisers ein. Mittwochs und samstags lockt ein lebhafter Gemüse- und Blumenmarkt auf dem Place de la Palud vor der Kathedrale die

Bewohner der umliegenden Dörfer herbei. Hier steht auch das Rathaus mit seinem Bogengang (oben). Sein Turm überragt die Unterstadt. Schloß St. Maire (oben links) war im 15. Jahrhundert Bischofssitz und beherbergt heute die Kantonsverwaltung.

Links Nichts ist verkehrter als bei Zürich nur an Banken und Geldgeschäfte zu denken. Dies ist nur ein Aspekt der Stadt. Zürich ist zudem das führende Industriezentrum der Schweiz. Und anders als andere Städte der Schweiz versucht es nicht, die typischen Charakteristika der Moderne und die darin begründeten Spannungen zu verbergen. Die Münsterbrücke über den Limmat, der hier gerade aus dem Zürichsee austritt, verbindet die beiden Stadthälften an ihrem lebhaftesten Punkt; zu ihrer Linken das Fraumünster und zu ihrer Rechten das Großmünster mit den beiden 1787 aufgesetzten Turmhelmen.

Zürich: nicht nur Finanzhauptstadt

Fialen krönen das Schweizerische Landesmuseum - eine bizarre Konstruktion der Jahrhundertwende. Das Museum beherbergt eine große Sammlung an Dokumenten, Funden und Kunstwerken von der Urzeit bis ins ausgehende 19. Jahrhundert. Im Inneren dieses prächtigen Quaderbaus im Stil der Spät-

renaissance (1694-1698) wurde 1859 der Friedensvertrag zwischen dem Piemont und Österreich geschlossen (»Frieden von Zürich«). Er hatte Bestand bis zu den Unabhängigkeitskämpfen in Norditalien. Heute wird der von den Wassern der Limmat umspülte Palast als Rathaus genutzt.

Sion: Am Ufer der Rhône

Unten Sion, einst römisch Sedunum, die Hauptstadt des Kantons Wallis liegt geschützt zwischen zwei Felshügeln, auf denen sich die Ruinen der Bischofskathedrale von Tourbillon und die befestigte Kathedrale von Notre-Dame-de-Valère erheben. Letztere, im 6. Jahrhundert hier errichtet, verdankt ihre heutige Gestalt allerdings dem Wiederaufbau zwischen dem 12. und 13. Jahrhundert.

Rechts Das an der Hauptstraße gelegene Rathaus von Sion trägt eine kostbare astronomische Uhr aus seiner Entstehungszeit, dem ausgehenden 17. Jahrhundert.

Links In Brig im Rhônetal am Fuße des Sempione sollte man unbedingt den Stockalperpalast besuchen. Er ist der bedeutendste Schweizer Barockbau. Seine hohen Türme mit den Zwiebelhauben verraten den typischen Baustil der Alpen. Hinter den schützenden Mauern umgeben elegante Bogengänge – bemalt mit Motiven aus der italienischen Geschichte – liebevoll gestaltete Innenhöfe.

Luzern: Stadt des Heiligen Leodegar

St. Leodegar, nach dem Luzern benannt ist, gründete hier im 8. Jahrhundert ein Benediktinerkloster und verbreitete das Christentum in dieser zwischen Bergen und Seen schwer zugänglichen Gegend.

Die Kathedrale (oben) ist dem Schutzpatron der Stadt gewidmet. Zwei ihrer Türme stammen noch aus der Gründungszeit.

Die Kapellbrücke aus dem 14. Jahrhundert (links) über die Reuss ist das Wahrzeichen Luzerns, von dessen Hafen einst Söldnertruppen für Papst und Kaiser in den Krieg zogen.

S. 82/83 Das Museum in der Burg von Rapperswil haben 1870 emigrierte Polen eingerichtet, um an den polnischen Volksaufstand von 1863 zu erinnern.

Die Macht
der Tradition

Stolz und würdevoll präsentiert sich die Welt der Schweizer Bergbauern, die ihre Tradition der modernen Konsum- und Überflußgesellschaft, dem Tourismus und der Industrie entgegenstellen. In den Gesichtern und der Arbeit der Bergbauern spiegeln sich Unabhängigkeit und Freiheit, symbolhaft für alle Schweizer. Die Loyalität gegenüber bedeutenden Persönlichkeiten und der Schweizer Geschichte scheint die Generationen untereinander zu verbinden. Althergebrachtes Handwerk wird immer noch weitergegeben. Die sehr unterschiedlichen Dialekte sterben ebensowenig aus wie die spezifischen Traditionen der einzelnen Volksgruppen, die insgesamt das Schweizer Volk zu einer Einheit in Vielfalt machen.

Zu Fuß im Berner Oberland

Die Schönheit der Schweizer Landschaft offenbart sich in der harmonischen Verbindung von Architektur und Natur. Den verschiedenen Regionen entsprechen je eigene Bauweisen: Mauerwerk und Holzbauten im Zentrum der Schweiz, Kalksteinhäuser im Engadin. Allen gemeinsam ist die Vorliebe für den handwerklich meisterhaft gestalteten und phantasievollen Häuserdekor: geometrische Figuren, naturgetreu gemalte oder stilisierte Blu-

men, Girlanden, Tiere, Früchte und Symbole, die das Schicksal günstig stimmen sollen. Sowohl für private als auch für öffentliche Gebäude, wie die Wangenbrücke über die Aare (unten), wird vorzugsweise Holz verwendet.

S.88/89 Die Landschaft um Davos charakterisieren idyllisch gelegene Sennhütten in den Bergen inmitten silbern glänzender Nadelbäume und nach Heu duftender Wiesen.

Das Simmental bietet ein typisches Panorama der Schweizer Bergwelt, mit seinen weiten Wiesen, nur hier und da unterbrochen von Dörfern mit ihren Holzhäusern und Dorfkirchen, deren spitze Glockentürme schon von ferne zu erkennen sind. Sennhütten wie das zweihundert Jahre alte Haus Knutti von Därstetten (unten) wecken die Sehnsucht nach rundum behaglichen Ferien, wie sie die Schweizer ihren Gästen seit mehr als einem Jahrhundert bieten.

Zeitlose Täler

Emmentaler und Gruyère, der kleinere Löcher hat, milder Vacherin und würziger Appenzeller, Sbrinz und Rebrochon - die reiche, verlockende Auswahl an Schweizer Käsesorten bietet einige der besten weltweit. Zu der Spitzenqualität trägt vor allem die sahnige Milch der hiesigen Kühe bei. Nur die Schweizer Schokolade kann es mit der einzigartigen Qualität des Käses aufnehmen und ihm den ersten Platz auf der Rangliste der geradezu legendären Schweizer Produkte streitig machen. Noch immer werden die Bergkäse an Ort und Stelle nach altem handwerklichen Können hergestellt und garantieren so höchste Qualität.

Wenn am Ende des Sommers die höchsten Alpengipfel bereits wieder mit Schnee bedeckt sind, werden die Viehherden ins Tal getrieben und mit einem Fest die Wiedervereinigung des Dorfs mit den Hirten gefeiert, nachdem sie Monate völlig abgeschieden gelebt haben. Alle tragen dann festliche Kopfbedeckungen, und selbst die Tiere werden herausgeputzt. So schreitet die Prozession des Almabtriebs die Dorfstraßen entlang, während die Kirchenglocken läuten. Die Dorfkapelle spielt auf zum Tanz, und auch ein großartiges Festessen fehlt natürlich nicht.

S. 94/95 Splügen und San Bernhardino sind beide Teil der Geschichte der »Via mala«, einer von den Römern gebauten Bergstraße, die extreme Hindernisse überwindet und unwegsame Schluchten durchquert. Bereits im 5. Jahrhundert nutzten deutsche Händler sie auf dem Weg in die Lombardei. Aus dieser Zeit stammt auch der Bernhardino-Paß, der das Rheintal und das Val Mesolcina verbindet, im Territorium des heutigen Kantons Tessin. In den letzten Jahren hat sich Splügen zu einem bei Schweizern und Italienern gleichermaßen begehrten Ferienzentrum entwickelt.

Im Reich der Walser

Aufgrund der schwierigen wirtschaftlichen und sozialen Situation emigrierten die Walser bereits ab dem 7. Jahrhundert aus Deutschland in die Schweiz, nach Italien und Österreich. Den größten Zustrom erlebte Graubünden. Hier leben heute 30 000 bis 40 000 Walser, die ihre deutsche Mundart

ebensowenig verloren haben wie den tiefen katholischen Glauben, die Liebe zum Handwerk und ihre typische Bauweise: Um die Häuser vor Verwitterung und den winterlichen Schneemassen zu schützen, werden sie erhöht auf Baumstämme gebaut. Beispiele dafür lassen sich in Saas Fee bewundern (s. Abbildungen), dem kleinen autofreien Dorf, dessen Anziehungskraft auf Touristen dem anderer berühmter Ferienzentren in nichts nachsteht. Aus Baumstämmen geschnitzte und bunt bemalte groteske Figuren sollen nach altem heidnischen Glauben böse Mächte fernhalten und die Häuser vor Unglück und Krankheit schützen.

Versteckt am Ende eines tiefen Tals liegt das kleine Dorf Zermatt, über dem sich die Bergriesen Monte Rosa, das Breithorn und das Matterhorn erheben. Heute ist Zermatt ein renommierter Touristenort mit dichtgedrängten Hotels, die nicht nur Prominenz beherbergen. Sobald man die Hauptstraße verläßt und sich in den jahrhundertealten Gassen verliert, begegnet man jedoch der Stille und den hölzernen Hütten der Walser mit ihren Schieferdächern und Brunnen aus Stein.

Ein Paradies des Tourismus

Eine Reise mit dem Berninaexpress zwischen den Gipfeln der Alpen hindurch und über die weiten Talebenen mit ihren zahlreichen Kirchen, Wasserfällen und Schlössern weckt noch heute romantische Gefühle. Der Zug fährt etwa vier Stunden von Coira nach Tirano in Italien. Auf dem abwechslungsreichen Abschnitt zwischen Bergün und Preda überwindet der Zug einen Höhenunterschied von etwa 420 Metern, durchquert mehrere gewundene Tunnels (zwei natürliche, zwei künstlich angelegte) und überquert neun Viadukte.

S.102/103 St. Moritz ist der mondänste Ferienort des Engadins mit einer großen Auswahl an sportlichen Attraktionen: im Winter herrliche Abfahrts- und Langlaufpisten, Bob- und Skeletonanlagen sowie Schlittschuhbahnen, im Sommer großzügige Tennis- und Golfplätze.

Der Legende nach gründete Karl der Große im 8. Jahrhundert in Müstair, einem kleinen Grenzort, ein Männerkloster, aus dem im 12. Jahrhundert zunächst ein Benediktinerkonvent und dann 1163 ein Frauenkloster wurde. Die Abtei besteht aus einer zwischen zwei Höfen angeordneten Gebäudegruppe, um die sich ein turmbewehrter Schutzwall zieht. Die Abteikirche aus der Karolingerzeit hat vor allem durch die Gotik und das Barock große Veränderungen ihrer ursprünglichen Gestalt erfahren. Ein mächtiger viereckiger Turm aus dem 15. Jahrhundert dient als Glockenturm. Der große Innenraum besteht aus drei Kirchenschiffen,

deren schlanke Säulen mit den Gewölbegraten verschmelzen. Die kostbaren Fresken entlang der Wände erzählen von der Passion Christi, den Propheten und Aposteln und vom Jüngsten Gericht.

S.106/107 Der Gebäudekomplex von Schloß Chillon liegt gänzlich auf einer Felsinsel im Genfer See. Mit dem Festland ist es durch eine Brücke aus dem 9. Jahrhundert verbunden, die einst Zugbrücke war.

Im Herzen der alten Schweiz

Links Die hübsche mittelalterliche Stadt Stein am Rhein mit ihren alten, fresken- und erkerverzierten Häusern erstreckt sich am rechten Rheinufer, dort, wo der Fluß den Genfer See verläßt.

Links Seit alters her ist die Landschaft um den Genfer See herum ein landwirtschaftliches Anbaugebiet: Weinstöcke und Tabakpflanzen gedeihen hervorragend dank des milden Klimas.

Rechts Schloß Thun aus dem 12. Jahrhundert dominiert den gleichnamigen Ort und den angrenzenden Thuner See: Seine mächtige, strenge Bauweise erinnert an eine normannische Festung.

Eine heitere Atmosphäre geht von den Gebäuden in Stein am Rhein aus, mit ihren im regionalen Stil bemalten Fassaden, den Blumenkästen, farbigen Erkerfenstern und Fachwerk. Das schönste Haus der Stadt ist zweifellos das Haus zum Weißen Adler (Mitte rechts), das Thomas Schmid zwischen 1520 und 1525 mit allegorischen Szenen und Motiven aus dem Decamerone dekorierte.

112

Das kulturelle Leben von Zürich ist sehr lebendig. Besonders die regionalen Traditionen werden hier, im Herzen der deutschsprachigen Schweiz, gepflegt. Sie zeigen sich in den folkloristischen Trachten, Tänzen und Alpenchören, die das Fest des Sechseläutens begleiten, dem traditionellen Züricher Frühlingsfest, das alljährlich am dritten Montag im April gefeiert wird.

Urnäsch, wenige Kilometer von der österreichischen Grenze entfernt, verdankt seinen Ruhm der Neujahrsprozession, die am 13. Januar stattfindet. Verkleidungen aus Blattwerk und Masken (sogenannte Silvesterkläuse) mit Motiven der bäuerlichen Welt schmücken die Teilnehmer auf ihrem Umzug durch die Straßen des Ortes. Die riesigen um ihre Leiber geschnallten Glocken verursachen dabei einen ohrenbetäubenden Lärm.

St. Moritz:
Das »Ascot« im Schnee

Nicht nur wegen ihrer überwältigend schönen Alpenlandschaft ist die Schweiz bei Sportlern beliebt, sie schätzen auch die hervorragenden Einrichtungen und die gute Organisation. Alle wichtigen Touristenorte bieten neben zahlreichen und bestens vernetzten Abfahrtspisten ausgezeichnete Langlaufstrecken, die zum Teil sogar nachts beleuchtet werden, außerdem natürliche und künstliche Eisflächen zum Schlittschuhlaufen, Eisschießen und Eishockey spielen. Sehr verbreitet und beliebt sind auch die Reitschulen, denn in der Reitkunst, insbesondere im Springreiten und in der Dressur, verfügen Schweizer über lange Erfahrung.

St. Moritz ist vor allem auch seiner Pferde wegen berühmt, die bereits um 800 aus England eingeführt wurden. Bei den Rennen versammeln sich Tausende begeisterter Zuschauer. Am 14. Januar findet auf dem verschneiten Polofeld ein Trabrennen statt, auf das eine Woche später das mondänste Sportereignis von St. Moritz folgt, der Cartier Polo World Cup on Snow, zu dem sich Prominenz aus der ganzen Welt einfindet. Eine folkloristische Schlittenpartie veranstalten die Brautleute von St. Moritz auf dem Höhepunkt des Winters, in Tracht und auf mit bunten Bändern und Glöckchen geschmückten Schlitten.

Spitzen-Sport

Abseits der befahrenen Pisten, des Gedränges an den Skiliften und des Diktats der neuesten Skimode erfährt den wahren Zauber der Bergwelt, wer sich an die Grenzen des alpinen Skisports wagt. Schier grenzenlose Weite und unendliche Stille umhüllen den Skiläufer. Jeder, der es schon einmal ausprobiert hat, kennt das unbeschreibliche Gefühl, das sich einstellt, wenn man durch den Tiefschnee fährt, von der Sonne wie betäubt, und sich dann umschaut, um die eigene einsame Spur zu betrachten.

S. 122/123 Beim Aufstieg zum Gipfel des Rosso im Oberengadin hat man den Monte Disgràzia, der bereits in Italien liegt, im Rücken.

Auf Skiern läßt sich das überwältigende Alpenpanorama uneingeschränkt genießen.

Es gibt drei verschiedene Möglichkeiten, sich dem Bergmassiv des Finsteraarhorns zu nähern: über den klassischen Wanderweg vom Val Bondasca aus, über den einsamen und abenteuerlichen Kletteraufstieg über die Große Scheidegg nach Grindelwald oder – im Sommer eine immer beliebtere Methode – mit dem Mountain-Bike über die Route Lenzspitze – Saas Fee.

S.126/127 Vierzehn Bergmassive mit Gipfeln oberhalb der 4000-Metergrenze umschließen das Wallis und Saas Fee in dessen Zentrum. Knirschend splittert das Eis unter den Schritten des Bergsteigers auf dem Weg zur Lenzspitze, während der Wind um seine Beine streicht und kleine Schneefontänen aufwirbelt. Ganz gleich, was den Ehrgeiz des Wanderers antreibt, die Bergwelt bleibt davon unberührt.

Umschlag Vorderseite Das Finsteraarhorn erhebt sich über dem Rhônetal im Wallis, eines der stolzesten Bergmassive der Berner Alpen.

Umschlag Rückseite Der achteckige Wasserturm an der Seite der überdachten Luzerner Kapellbrücke. Nachdem sie vor einigen Jahren einem Brand zum Opfer fiel, wurde sie originalgetreu wieder aufgebaut.

Unten Auf Wunsch von Peter II. von Savoyen im 13. Jahrhundert am Ufer des Genfer Sees nahe Montreux errichtet, wirkt Schloß Chillon vom Land aus wie eine mächtige mittelalterliche Festung.